Fanny et les doudous

Pour Dan...
le plus géant des doudous!
L. P.

À tous les enfants qui
ont découvert un petit monstre
J. C.

**Catalogage avant publication de
Bibliothèque et Archives nationales du Québec
et Bibliothèque et Archives Canada**

Papineau, Lucie
Fanny et les doudous
Pour enfants.

ISBN 978-2-89512-717-8

I. Cossette, Julie. II. Titre.
III. Collection : Papineau, Lucie. Petits monstres.

PS8581.A665F36 2009 jC843'.54 C2009-940488-5
PS9581.A665F36 2009

Directrice de collection : Lucie Papineau
Direction artistique et graphisme :
Primeau Barey
Dépôt légal : 3e trimestre 2009
Bibliothèque nationale du Québec
Bibliothèque nationale du Canada

Dominique et compagnie
300, rue Arran, Saint-Lambert (Québec)
Canada J4R 1K5
Téléphone : 514 875-0327
Télécopieur : 450 672-5448
Courriel : dominiqueetcie@editionsheritage.com

www.dominiqueetcompagnie.com

Imprimé en Chine

Nous remercions le Conseil des Arts du Canada
de l'aide accordée à notre programme de publication.

Nous reconnaissons l'aide financière du gouvernement
du Canada par l'entremise du Programme d'aide au
développement de l'industrie de l'édition (PADIÉ)
pour nos activités d'édition.

Nous reconnaissons l'aide financière du gouvernement du Québec par l'entremise du Programme
de crédit d'impôt pour l'édition de livres – SODEC –
et du Programme d'aide aux entreprises du
livre et de l'édition spécialisée.

Fanny et les doudous

Texte : Lucie Papineau
Illustrations : Julie Cossette

C'est moi, Fanny.

Et moi, j'aime les jujubes mauves, mes amies qui aiment les jujubes mauves, ma chambre, mes amies qui aiment ma chambre, ma collection de poupées pas comme les autres et puis… les vêtements.

J'ai une vraie passion pour les vêtements. Les miens et ceux de mes poupées.

Pouf!

Depuis un moment, il se passe quelque chose de pas normal :
les accessoires de mes poupées ne cessent de disparaître.
Les plus beaux chapeaux, les plus élégantes chaussures
(une à la fois, évidemment), parfois même une robe de soirée
et son foulard assorti : c'est le drame ! Sans parler des
autres objets qui se volatilisent aussi…

Maman dit que je suis distraite, que c'est moi qui perds tout. Moi, je pense qu'elle n'y est pas du tout…

Après des heures d'observation, j'ai enfin découvert les responsables de ces disparitions. Ce sont de drôles de petits monstres que j'ai nommés les doudous.

Voici ce que j'ai appris sur eux.

Les doudous sont d'étranges créatures qui ressemblent
à des fées miniatures. À un détail près : leur drôle de tête.

Comme les doudous préfèrent les endroits très confortables,
ils ont aménagé leur petite maison dans un trou du mur au fond de ma
garde-robe. C'est un endroit tout à fait secret, dont l'entrée
est protégée par le postérieur de mon vieil ours en peluche borgne.

Les doudous ont un appétit d'oiseau...
ou de fée miniature. Ils ne se nourrissent qu'une fois
par mois, soit les soirs de pleine lune.

Avec leurs petits filets à papillon, ils attrapent les
poussières d'étoiles dont ils raffolent. Ils font ensuite la fête
en chantant et en dansant toute la nuit !

En plus d'aimer autant que moi les beaux vêtements, les doudous
font preuve de beaucoup d'imagination pour décorer leur logis.
Magnifiques robes-rideaux, ingénieuse chaise-à-bascule-chaussette,
montre-table-basse et plantes d'intérieur poussant dans
des dés à coudre, rien ne manque !

Et où les doudous se procurent-ils tout ce confort ?
Dans les chambres d'enfants, évidemment. Quand nous sommes
à l'école et que nos parents sont au boulot, les doudous
ont tout le temps qu'il faut pour agir sans se faire attraper.

Incroyable, non ?
Comme personne ne
visite jamais mon vieil
ours en peluche,
personne à part moi
ne connaît l'existence
des doudous.

Enfin, pour l'instant…
Maman m'a bien avertie :
elle a décidé de mettre
fin à ces disparitions
inexpliquées (pour elle).
Quitte à remuer ciel
et terre pour retrouver
les objets perdus.

Il faut agir vite. Très vite.
Si maman cherche partout,
elle finira par découvrir le
trou dans le mur. Et elle sera
convaincue qu'il y a des
souris dans ma garde-robe.

Après avoir hurlé hiiiiiiiii !
debout sur une chaise pendant
de longues minutes, elle voudra
sûrement faire appel à des
exterminateurs professionnels.
Ou, pire encore, à Mignon
Pompon, le chat du voisin.
Le pire avaleur de souris que
la terre ait jamais porté…

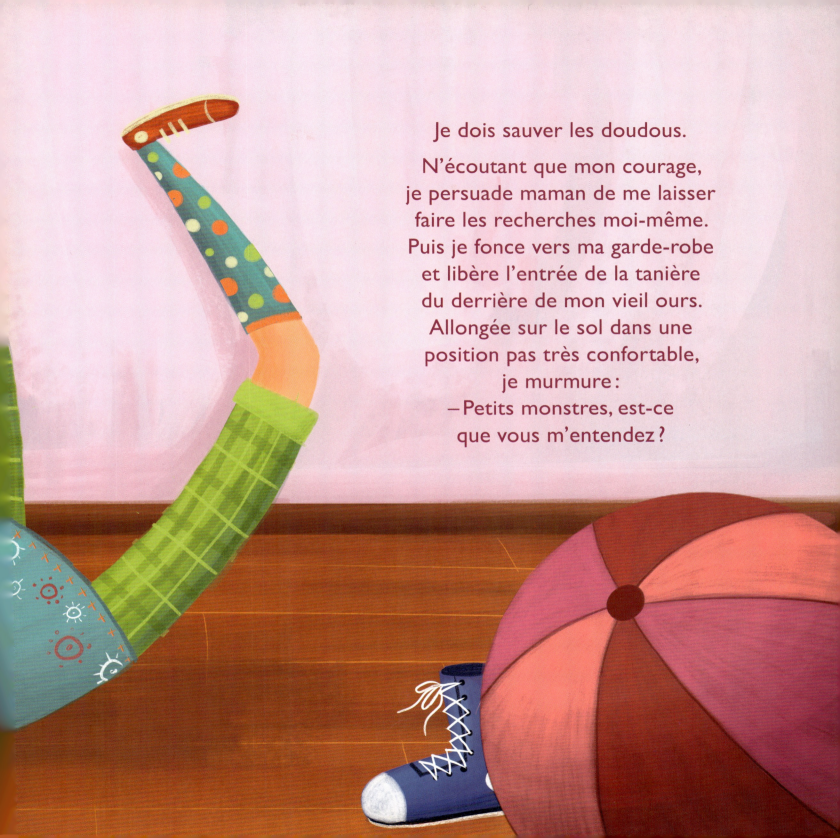

Je dois sauver les doudous.

N'écoutant que mon courage,
je persuade maman de me laisser
faire les recherches moi-même.
Puis je fonce vers ma garde-robe
et libère l'entrée de la tanière
du derrière de mon vieil ours.
Allongée sur le sol dans une
position pas très confortable,
je murmure :
— Petits monstres, est-ce
que vous m'entendez ?

Pas de réponse. J'essaie autre chose.
– Jolis doudous, c'est moi, Fanny !

En entendant leur nom (et le mien), les doudous sortent
de leur cachette à la queue leu leu et me font un
gracieux salut. Sans perdre une seconde, je leur explique
la situation. Et voici ce que nous décidons. Je ferai le
grand ménage chaque saison, puis je leur donnerai les
vêtements et les accessoires dont mes poupées
n'ont presque plus besoin… En retour, les doudous
ne pilleront plus ma chambre.

Maman mettra fin à son enquête sur les disparitions
et me félicitera pour mon nouveau sens de l'ordre.
Et les petits monstres seront sauvés !

En sortant de la garde-robe, je me trouve
nez à nez avec… maman.
– Enfin, tu les as découverts ! dit-elle.
– Mais de quoi parles-tu ?

À ma grande surprise, maman me fait un clin d'œil.
Puis elle me raconte une histoire incroyable. Quand elle était
petite, elle aimait la réglisse verte, sa chambre du grenier,
ses amies qui aimaient sa chambre du grenier et sa
collection de figurines de pirates.

Après des heures d'observation, elle avait découvert
l'existence des chouchous. Ainsi avait-elle
nommé les étranges petits monstres qui vivaient dans
un coffre de bateau au pied de son lit.

Réglisse

Ma chambre

—Pourquoi tu ne me l'as pas dit avant, maman ?

Elle sourit, puis m'explique que chaque enfant a ses petits monstres personnels.

Lui seul peut découvrir leur existence,
les nommer et leur parler.

C'est à chaque enfant de voir comment
il peut vivre heureux avec ses petits monstres…
s'il le veut vraiment.

Moi, Fanny, j'aime toujours les jujubes mauves, mes amies
qui aiment les jujubes mauves, ma chambre, mes amies qui aiment
ma chambre, ma collection de poupées pas comme les autres
et les vêtements.

Et maintenant j'adore mes petits monstres à moi, les doudous…
qui m'aiment bien aussi !

Chaque pleine lune, je fais la fête avec eux.
On chante, on danse et on rit beaucoup !

Et si, par hasard, un intrus (genre le chat du voisin)
se glisse dans ma chambre ce soir-là,
il pensera seulement que j'ai de nouvelles poupées…

… un peu bizarres !